AF242616

JUSTICE

A QUI DE DROIT

NOS DÉSASTRES EN 1870

JUSTICE

A

QUI DE DROIT

PAR

UN PRISONNIER DE GUERRE

Cùm gladium stringere non possim,
calamum sumo.

DEUXIÈME ÉDITION

BRUXELLES

IMPRIMERIE DE COMBE ET VANDE WEGHE

VIEILLE-HALLE-AUX-BLÉS, 15

1871

L'écrasement de la France sera le sujet de polémiques, de discussions et de récriminations sans nombre.

Nos malheurs ne peuvent cependant être attribués qu'à trois causes :

1° L'ineptie du ministre de la guerre ;

2° L'impéritie du gouvernement, ainsi que sa légèreté, lors de la déclaration des hostilités ;

3° Les fautes du commandement.

Certes, on pourrait faire remonter plus loin et beaucoup plus haut l'ensemble des raisons qui ont préparé notre ruine :

L'esprit militaire, détruit peu à peu en France pour faire place à l'égoïsme général, à l'énervement de la jeunesse, aux goûts exclusifs de bien-être, de positions lucratives, de fortunes rapides et de carrières scandaleuses ; les vices de notre organisation militaire, la loi de 1855 qui a oblitéré toute espèce de sentiment du devoir envers le pays, la démoralisation des masses, le relâchement complet de la discipline ; l'amoindrissement des caractères par l'influence prolongée du pouvoir personnel, l'obéissance passivement aveugle des grands dignitaires ; enfin, l'opposition du Corps législatif lorsqu'il s'est agi de constituer à la patrie des ressources sérieuses de contingents et d'effectifs.

Ce sont assurément là des causes de faiblesse d'autant plus malheureuses, que, suivant un courant diamétralement opposé, la Prusse grandissait chaque jour, augmentant son armée, perfectionnant son matériel et ne perdant pas un seul instant de vue son objectif, *la guerre avec la France*.

Les victoires de 1866 lui assuraient le concours des forces de toute la Confédération du Nord — et son organisation militaire lui constituait une immense armée, non pas fictive, comme l'a été la nôtre, mais réelle, ainsi que l'a prouvé l'invasion de notre malheureux pays par 1,200,000 hommes, pourvus d'un armement formidable. — En outre, le nouveau système des canons prussiens avait une grande supériorité sur le nôtre.

Quoi qu'il en ait été de toutes ces causes défavorables pour la France, bien que notre esprit militaire et notre discipline ne fussent pas à la hauteur de ce que nous a présenté l'armée allemande, malgré notre infériorité de nombre, d'organisation et d'artillerie, nous aurions pu entamer et conduire une campagne heureuse, ou du moins équilibrée, si le commandement n'avait commis fautes sur fautes.

I

« *Mon rôle n'est pas de faire de la politique,* » a dit le ministre de la guerre dans une des séances du Corps législatif antérieure à la déclaration de M. de Gramont ; « *mon rôle est d'être prêt et je le suis.* »

Puis, au moment où les discussions de la Chambre ont pris tant de gravité au sujet de la candidature du prince de Hohenzollern, qui de nous ne se rappelle cette assurance donnée *publiquement* au pays par le maréchal Lebœuf : « Nous sommes prêts ! »

Cette fatale parole, il avait dû la dire en conseil des ministres, pour autoriser son collègue des affaires étrangères à tenir le langage qui a plongé l'Europe dans un si grand émoi.

Comment imaginer qu'un homme fût assez imprudent pour jeter ainsi, au nom de son pays, le gant à la Prusse, s'il n'avait eu l'assertion du ministre de la guerre que la

France était en état non-seulement de se défendre, mais d'attaquer?

Nous aimons à penser, pour l'honneur de M. de Gramont, qu'il a été autorisé à tenir son langage de défi; sinon, il partagerait avec le maréchal Lebœuf toute l'immense responsabilité de nos malheurs : dans une moins grande proportion cependant, car il appartenait au ministre de la guerre *seul* de faire ressortir la triste vérité aux yeux de ses collègues du ministère, et de les déterminer à accepter toute occasion d'éviter un conflit immédiat.

Mais cette assurance donnée du haut de la tribune du Corps législatif à la France entière, ces mots sonores : *Nous sommes prêts,* sortis de la bouche d'un maréchal dans lequel l'opinion avait la plus entière confiance, d'un ministre à la parole persuasive et facile, ces mots ont eu un immense retentissement; ils ont plu à la nation, ils ont réveillé, avec la rapidité de la foudre, le souffle guerrier de tout le pays : on se croyait prêt, on se sentait provoqué, le parti de la guerre a rallié toutes les nuances d'opinion.

On n'était pas prêt! Le ministre de la guerre n'a pas compris l'immense responsabilité qu'il assumait; il n'a rien vu par lui-même, ou s'est laissé tromper par ses directeurs de services; il ne pourra jamais démontrer qu'il a été prévoyant : à sa culpabilité il ajouterait une preuve de plus de son incapacité.

Le ministre de la guerre n'avait pas à la frontière plus de 270,000 à 272,000 *rationnaires*, tout compris, lorsque les premiers coups de canon ont été tirés, c'est-à-dire 220,000 à 230,000 combattants, dont 180,000 hommes d'infanterie.

Quel compte tenir du secours immédiat que pouvait nous apporter, à cette époque, la garde mobile? On se rappelle les difficultés présentées, au début, par l'organisation du petit nombre qu'on a rassemblé à Châlons. Quant aux quatrièmes bataillons, que de temps devait encore s'écouler avant de les faire entrer en ligne!

Ainsi, c'est avec un chiffre aussi réduit que le maréchal Lebœuf s'imaginait pouvoir supporter les premiers efforts d'une lutte gigantesque!

Armée insuffisante, garde mobile incomplète et non instruite : tels étaient les éléments du ministre de la guerre.

Chacun de nous a constaté avec douleur que Metz n'était pas armée, lorsque nous y sommes arrivés pour entrer en campagne quelques jours après. — Bien plus, deux des forts principaux, celui de Queuleu, n'était pas achevé et celui de Saint-Julien était à peine commencé; il a fallu que le 3me corps fournît, pendant deux mois, 2,400 travailleurs par jour, pour en faire une sérieuse fortification en terre.

Dans les magasins de la place, aucun approvisionnement : ni vivres, ni munitions, ni effets d'habillement ou de campement. Enfin, n'est-il pas à la connaissance de tous ceux qui ont assisté à ces derniers événements, que si l'armée a pu se maintenir aussi longtemps dans ses camps retranchés, c'est grâce aux ressources de l'industrie privée, et non à la prévoyance du ministre de la guerre?

Le ministère aurait dû envoyer un de ses employés à Mayence, savoir comment on préparait une place pour la défense : il y aurait trouvé plus d'un enseignement.

Faut-il rappeler aussi l'état de dénûment absolu dans lequel se trouvait Sedan. Doit-on dire que si Strasbourg a capitulé, c'est faute de certaines munitions en quantité insuffisante, et que si Thionville et Verdun ont pu soutenir une lutte si énergique et si longue, elles le doivent à leur garnison peu nombreuse ainsi qu'aux approvisionnements recueillis, *au dernier moment*, pour l'armée en retraite?

Rien n'était prêt, *rien*, pas plus dans les corps de troupe que pour l'organisation des différents services divisionnaires ou de corps d'armée !

Malgré la répugnance qu'inspirent les récriminations, il faut cependant dire ce qu'ils méritent, même aux hommes qui, par leur aspect sympathique, leur franchise apparente et leur rondeur pleine de bonhomie, sembleraient le plus commander de ménagements. Le maréchal Lebœuf aimait et aime toujours l'Empereur. Hélas ! il l'a aimé tellement que pour lui sauver de légers froissements d'amour-propre et de petites déceptions il l'a perdu et nous a entraînés dans sa ruine !

Toute l'Europe connaissait l'immense supériorité de l'artillerie prussienne et savait dans quelle proportion écrasante cette nouvelle artillerie devait être employée.

Le système Krupp est apprécié depuis longtemps.

Le gouvernement français a acheté deux canons de campagne qui sont déposés, à Paris, au Musée d'artillerie de Saint-Thomas-d'Aquin.

Les rapports de tous les officiers d'artillerie sur cet engin de guerre, ceux de M. le commandant Berge entre autres, accordaient au canon Krupp une plus grande justesse de tir et une bien plus grande portée qu'au nôtre.

A l'époque où ces rapports furent adressés au ministère de la guerre, le général Lebœuf, alors aide-de-camp de l'Empereur et président du comité d'artillerie, fut vivement sollicité de prescrire, au camp de Châlons, l'essai comparatif des deux systèmes.

Il s'y refusa « *pour ne pas être désagréable à son souverain, auteur de notre système d'artillerie.* »

Et c'est le même homme qui, consulté par un de ses amis, à l'époque des incidents de juillet, sur l'opportunité d'entreprendre, avec sa famille, un voyage en Allemagne, lui répond désespéré : « Hélas ! vous le pouvez, la Prusse nous échappe encore. »

Aussi aveugle qu'incapable, vous ne compreniez pas

que la Prusse ne vous laisserait pas lui échapper !

Elle connaissait depuis longtemps vos effectifs restreints, dont vous avez pris soin de lui rappeler les chiffres par les votes de votre plébiscite ; elle savait que vous n'aviez pas fait mettre à exécution la loi votée sur la garde nationale mobile ; elle savait votre infériorité d'artillerie, votre insuffisance d'armement, de matériel de campagne, l'instruction incomplète des hommes de votre réserve, l'organisation vicieuse de votre administration militaire... elle savait tout ce que vous ignoriez.

Et cependant, ce n'est pas faute d'avoir été averti par de célèbres brochures ; mais vous vous êtes attaché à laisser dans l'ombre les seules capacités qui pouvaient nous sauver, pour n'appeler aux premiers rôles, dans l'armée, que les *favoris de la dynastie.*

Vous vous êtes attaché, avant tout, à plaire à votre maître : quant au pays, à sa gloire, à son honneur, à la bonne direction de ses armées, vous n'en avez eu nul souci !

S'il en avait été autrement, auriez-vous accepté les fonctions de major général, vous qui n'avez pas compris ou su dire la vérité alors que vous pouviez éviter de si grands malheurs !

II

Et vous, gouvernement, qui vous êtes imaginé pouvoir vaincre la Prusse aussi facilement que vous avez trompé l'opinion sur le sens des résultats de votre plébiscite, quel a été votre rôle ?

Vous vous êtes laissé induire dans la plus funeste des erreurs par le maréchal Lebœuf, et vous vous êtes follement convaincu que l'on préparait une guerre colossale en une semaine, contre un peuple auquel il faut neuf jours seulement pour mobiliser son immense armée !

Ignoriez-vous donc l'organisation militaire de l'Allemagne ? Tout le monde, cependant, s'en préoccupait.

Vous n'étiez pas soldats, il est vrai, et vous ne pouviez vous faire exactement l'idée de ce qui constitue une semblable entreprise ; mais qui de vous n'avait lu Thiers ?

Le grand historien raconte que les soins et la sollicitude de l'empereur Napoléon Ier à préparer une campagne lui absorbaient des mois entiers.

Aviez-vous donc lieu de croire qu'on eût efficacement songé à une lutte avec la Prusse, qu'on se fût occupé d'armements et d'approvisionnements ; ou bien, comptiez-vous sur d'heureux hasards, tels que ceux qui, précédemment, ont couvert des négligences semblables au début de la guerre d'Italie?

Cette légèreté coupable avec laquelle on vous a assuré que nous étions prêts, au lendemain du jour où la Chambre avait refusé toute possibilité de réunir une armée importante, n'aurait-elle pas dû vous faire réfléchir et vous déterminer à insister sur l'étude de notre situation?

Eh quoi! vous déclarez la guerre sans être sûr d'une alliance !

Je dis *sûr*, car je n'appelle pas *certitude* les paroles courtoises échangées *entre prince et souverain* dans une visite récente ; je n'appelle même pas certitude *un engagement verbal transmis entre souverains !*

Quant un spectre sanglant, tel que celui de Quérétaro, plane entre deux trônes, il ne faut jamais *être sûr* d'une alliance, à moins qu'elle ne soit *signée*.

Et c'est sur cette *espérance* que l'empereur d'Autriche *saisirait, comme la France*, le premier prétexte de faire la guerre à la Prusse, que, sans autre certitude d'avoir trouvé le même grief et d'être d'accord avec l'Autriche, vous vous êtes empressés de déclarer les hostilités! — car les paroles de M. de Gramont aux Chambres équivalaient à une déclaration de guerre.

Cette guerre, la Prusse la voulait, la cherchait, et ce n'est pas une des moindres maladresses du gouvernement de n'avoir su comprendre que, par cette candidature *Hohenzollern*, M. de Bismark choisissait l'heure la plus propice pour entamer la lutte.

Il fallait se tenir pour averti, éviter la guerre, mais s'y préparer sans relâche, pendant que le parent du roi de Prusse irait prendre, plus ou moins facilement, place sur son trône d'Espagne, et la déclarer, fût-ce après un an, deux ans ou trois ans même, *quand on eût été prêt.*

Combien d'autres prétextes sérieux vous auriez eus à choisir quand il vous *aurait plu* de faire la guerre : l'inexécution du traité de Prague, les traités de la Prusse avec l'Allemagne du Sud, ses envahissements continuels, ses intrigues dans le grand-duché de Bade... Tout autre parti que celui que vous avez pris eût été meilleur et eût donné le temps de faire rejoindre nos réserves, de compléter nos effectifs, d'organiser notre administration, d'armer nos places, de les approvisionner, enfin de se déterminer à une lutte précipitée encore, eu égard AUX ANNÉES indispensables pour être complétement prêts, mais qui eût été probablement moins désastreuse.

Votre diplomatie n'aurait-elle pas dû vous tenir en

éveil contre les menées de la Prusse, et la conduite de M. Benedetti est-elle qualifiable?

Vous vouliez l'anéantissement complet des traités de 1815; en toutes circonstances vous le proclamiez, et vous avez constamment travaillé à affaiblir les institutions militaires qui, seules, pouvaient vous permettre d'accomplir votre programme.

Oui, en huit jours, vous nous avez jetés dans un chaos inextricable; au mépris de votre dignité et de votre conscience, vous avez subi la volonté que vous auriez dû diriger; vous avez précipité les ruines que nous préparaient les inepties du commandement!

III

Quelle que soit la page sur laquelle on posera le doigt quand paraîtra le récit détaillé de cette désastreuse campagne, on est *sûr*, en ouvrant le livre, de tomber sur une faute.

Quoi qu'on en puisse prétendre après coup, les hostilités s'entamèrent sans plan conçu; l'étude des dispositions prises, dès leur début, le prouve surabondamment.

L'organisation de deux armées compactes, agissant séparément mais simultanément, avait été résolue en principe : au dernier moment, l'empereur, pour conserver une initiative plus directe et le commandement absolu de toute l'armée, en décida autrement!

Personne n'eut assez de fermeté, d'indépendance ni de caractère pour tenter une objection décisive en faveur du projet primitif, le seul rationnel.

C'était cependant le moment d'oser dire la vérité au

souverain, qui se croyait grand capitaine depuis la campagne d'Italie.

Il fallait à l'empereur un major général qui, à l'expérience de la guerre, à la connaissance des troupes, joignît un jugement sain, de la décision, du sang-froid, une conception facile, une idée arrêtée de ce qui devait se faire selon les circonstances, bref, qui révélât de sérieuses qualités militaires. Celui-ci devait être secondé par de bons aides-majors généraux, d'autres hommes que les généraux Lebrun et Jarras, mis à l'épreuve et jugés : l'un, d'une réputation surfaite, due au reflet de l'illustre maréchal près duquel il a longtemps servi ; l'autre, paperassier sans vergogne, sans capacité, sans prévoyance, et, nous le verrons plus tard, dénué de toute appréciation réelle des sentiments de l'honneur militaire.

Dans d'autres conditions, l'empereur, bien entouré, bien conseillé, n'aurait pas laissé une armée de 180,000 hommes (la garde était à Metz et le 6ᵉ corps à Châlons) *éparpillée* sur une étendue de plus de quatre-vingts lieues de frontière, chacun des corps qui la composaient isolé des autres, et à des distances telles, qu'ils n'ont pas pu se porter mutuellement secours en temps utile.

De là leur destruction en détail, malgré l'héroïque bravoure déployée dans les batailles de Wissembourg, de Reichshoffen et de Forbach, contre des forces trois et quatre fois supérieures.

Il eût été du devoir du ministre de la guerre de s'opposer à *certains* choix dans lesquels les considérations dynastiques et les faveurs de cour ont eu beaucoup plus de poids que la certitude de désigner de bons commandants de corps d'armée : le major général y eût trouvé de nombreux avantages, entre autres, une obéissance plus prompte et une abnégation indispensable en temps de guerre.

Malgré l'existence du bureau de renseignements militaires, au grand quartier général, on n'a jamais rien su des mouvements de l'armée prussienne, tandis qu'elle était instruite, heure par heure, de tous ceux qu'opérait la nôtre : elle a eu connaissance des marches et contremarches qui ont accablé nos soldats de fatigue, car, c'est un des tristes caractères du début de cette campagne, l'armée est restée ineptement immobilisée dans l'ensemble de ses positions, du 27 juillet au 6 août, et par suite de tous les mouvements insolites qui ont été ordonnés, les troupes étaient harassées avant d'avoir combattu.

Le commandement avait si peu de clairvoyance, qu'il

tombait dans les piéges les plus grossiers tendus par l'ennemi.

Les princes allemands voulant attaquer, le 4, à Wissembourg et, le 6, à Forbach et à Reichshoffen, font parvenir à Metz l'avis que l'armée prussienne allait déboucher en France, le 5 août, par Sierck.

Aussitôt, et sans prendre le moindre renseignement, ordre est donné d'exécuter, le 4 août, un mouvement général : le 4ᵉ corps de Boulay à Bonzonville, le 3ᵉ de Saint-Avold à Boulay, la garde de Metz à Boulay. Le soir même on apprend qu'on a été trompé ; le mouvement en sens inverse est ordonné pour le lendemain.

Autre exemple. Dans la soirée du 4 août, le major général propose au maréchal Bazaine de lui laisser la garde impériale, arrivée le jour même de Boulay, et de la faire appuyer, dès le 5 au matin, vers Longeville, de façon à la camper entre Boulay et Saint-Avold, *prête à toute éventualité*. Le maréchal Bazaine accepte, et des ordres sont transmis en conséquence. De retour à Metz, le maréchal Lebœuf fait part à l'empereur de cette disposition ; mais une influence inconnue (on cite M. Piétri !) détermina le souverain à repousser cette combinaison, et la garde impériale dut se diriger immédiatement vers Metz. Le 6, un nouveau contre-ordre l'envoyait à Longeville. Au lieu de faire cinq lieues, de Boulay à Longeville, elle en avait marché quinze.

Ainsi se perdaient de bien précieux jours ! Pourquoi

n'avoir pas massé nos troupes et attaqué? Bien que l'on ne fût pas encore complétement prêt, on le pouvait néanmoins du côté de Forbach.

Pendant que tous ces mouvements inutiles s'exécutaient, des mesures incompréhensibles étaient prescrites : les douaniers pouvaient certainement rendre plus de services à la frontière que partout ailleurs ; comme guides, ils devaient procurer d'utiles renseignements sur les routes, les sentiers, les populations, etc., etc.; le major général ordonna de les réunir et de les envoyer avec armes et bagages à Metz, pour y faire le service dans la place. Des quantités d'approvisionnements, au lieu d'être réunies à Metz, base d'opération, étaient expédiées sur Saint-Avold, encombrant les routes et entravant la marche des troupes. Beaucoup de farines ont dû y être laissées, puis brûlées pour les soustraire à l'ennemi.

Enfin, pour terminer par un détail entre mille, quelle opportunité y avait-il de faire emporter aux troupes les shakos et les couvertures, abandonnés, par ordre, dès les premiers jours de la campagne, et qui sont restés dans des magasins provisoires, aux mains des Prussiens?

Mais ces pertes matérielles étaient bien insignifiantes en comparaison de celles que nous devions subir.

Nos premiers insuccès nous ont impressionnés d'autant plus amèrement qu'il eût été possible de les éviter.

On sait comment le général Douay, à Wissembourg, et le maréchal de Mac-Mahon, à Reichshoffen, furent surpris sans pouvoir être secourus. Le général Frossard était, le 6 août, à peu de distance du maréchal Bazaine ; les divisions Mettman et Castagny du 3e corps se trouvaient à moitié chemin, entre Saint-Avold et Forbach, prêtes à accourir au premier appel du général Frossard, et cependant, par une dépêche adressée à trois heures de l'après-midi au maréchal Bazaine, il ne lui demande *qu'un régiment de renfort, pensant rester maître de la lutte qui dégénérait en bataille.*

Le général craignait-il donc la coopération de deux divisions du 3e corps? Elles eussent sans doute autorisé la présence du maréchal qui aurait ainsi enlevé au commandant du 2e corps la gloire exclusive d'un triomphe dont la récompense devait être le bâton de maréchal. C'est à croire.

Toujours est-il que le général Frossard dut regretter son calcul et que le maréchal Bazaine, en apprenant qu'une bataille était engagée à cinq lieues de lui, commit une grave faute, prélude de tant d'autres, en ne se portant pas, *avec son corps d'armée,* sur le lieu du combat.

Nous eussions remporté une éclatante victoire !

Le lendemain encore, en réunissant les 2e, 3e, 4e corps

et la garde impériale, nous pouvions rétablir notre situation et annihiler les conséquences des succès du prince Frédéric-Charles et du prince royal; l'empereur l'avait résolu, mais au moment de quitter Metz pour venir prendre le commandement à Saint-Avold, il changea subitement de résolution!

On se décida à battre en retraite le 8, au matin.

Il fallait dès lors exécuter ce mouvement avec rapidité.

Dans cet ordre d'idées, un seul plan venait à l'esprit de tous ceux qui ont lu notre histoire militaire :

Laisser à Metz une forte garnison qui pût fournir de nombreux travailleurs pour mettre la place en état de défense; puis, avec tout le reste de l'armée, se replier *promptement* sur l'Argonne, y donner la main à Mac-Mahon, qui aurait réuni une seconde armée à Châlons, et, avec dix corps d'armée, s'opposer à la marche des Prussiens sur Paris pendant que la capitale s'organiserait en cas de siège.

Que fit-on?

Toute l'armée était réunie autour de Metz le 11 août; elle pouvait en partir le 12, laisser ses impedimenta dans la place et passer sur la rive gauche de la Moselle, où elle eût été le 13, pour se porter le 14 sur Verdun; mais l'on perdit TROIS JOURS en stériles remaniements du commandement; enfin, après bien des hésitations, l'empereur, comprenant qu'il n'avait plus la confiance des troupes, prit le funeste parti d'en remettre la direction au maréchal Bazaine.

L'armée ne quitta Metz que le 14 pour être aussitôt arrêtée par la victoire infructueuse de Borny.

Son passage s'effectua néanmoins pendant la nuit, et, le 15, dans la journée, elle gravissait les pentes du plateau situé à l'ouest de la ville.

Le maréchal Bazaine voulait continuer sa route sur Verdun; il avait envoyé d'avance M. l'intendant Wolf pour y préparer des approvisionnements.

Le 16, nous sommes attaqués à neuf heures du matin; à trois heures de l'après-midi l'armée prussienne battait en retraite : nous obtenions un succès qui, à sept heures du soir, était devenu une victoire.

Plus de six divisions n'avaient pas donné; le maréchal pouvait disposer de deux corps d'armée, les lancer sur l'ennemi, le disperser, le jeter dans les défilés d'Ars, de Gorse et de Chambley, et de là dans la Moselle; il n'y avait qu'à marcher droit devant soi pour obtenir un éclatant triomphe (1) : le maréchal Bazaine s'arrêta !!!

____

(1) Nous en avons eu, depuis, confirmation par plusieurs officiers prussiens.

Les troupes campèrent sur leur emplacement de combat, et, le lendemain matin, elles abandonnèrent le terrain conquis pour se rapprocher de Metz.

Comble de l'ineptie! Le maréchal n'avait pas compris ce qui s'était passé devant lui!

Il venait, en ordonnant de battre en retraite, de commettre la plus grande faute de toute la campagne! En effet, si l'action avait été plus décisive, toute l'armée se portait le 17 sur Briey, arrivait le 18 à Verdun, gagnait deux ou trois jours d'avance sur l'ennemi et atteignait l'Argonne, cette barrière qui fût devenue infranchissable.

La fatale détermination du maréchal Bazaine a entraîné deux capitulations inouïes dans l'histoire et les maux incalculables qui en ont été la conséquence pour notre malheureux pays.

On a prétendu que le général Soleille, commandant l'artillerie de l'armée, avait pesé sur la décision du maréchal Bazaine, le 16, en assurant que nous n'avions pas assez de munitions pour continuer notre marche en avant; mais, si on eût vigoureusement rejeté les Prussiens au delà de la Moselle, notre parc pouvait nous rejoindre le 17 et arriver avec nous le 18 à Verdun.

Ce n'est donc pas une raison valable, et si le maréchal Bazaine avait eu tant soit peu de clairvoyance militaire, se serait-il laissé ébranler par cette objection?

Il ne peut davantage, pour sa défense, prétexter qu'il

projetait de s'arrêter à Metz, puisqu'il avait donné tous les ordres relatifs à son arrivée à Verdun le 18.

Aucune excuse, aucun palliatif ne peut être évoqué en faveur du maréchal Bazaine; il s'est témoigné, ce jour néfaste, ce qu'il devait être par la suite, irrésolu et dénué de toute inspiration militaire, ce don sans lequel un général ne devient jamais commandant en chef.

L'armée battit donc en retraite et se rapprocha de Metz. Elle occupa une forte position en demi-cercle, la gauche à Rosérieulles, la droite à Saint-Privat, la garde en réserve sur les hauteurs de Plappeville.

Le 17 au matin, les Prussiens constatent, à leur grand étonnement et à leur immense joie, la faute du maréchal Bazaine.

Sans retard, ils en profitent, reprennent le terrain perdu la veille, font filer le long des hauteurs de la Moselle leurs troupes, leur artillerie et leurs convois : le 18 nous apercevions encore, à sept heures du matin, d'immenses masses de toutes armes opérant le mouvement qui devait nous envelopper.

Chacun comprit que nous allions être attaqués.

Sans qu'aucun ordre nous vînt du grand quartier général, plusieurs commandants de corps prirent des dispositions en conséquence : on creusa des tranchées-abris ; certains bois dont l'occupation était indispensable furent mis en état de défense ; enfin, à onze heures et un quart, lorsque l'attaque se dessina sur la droite du 3e corps et sur le 4e, nous étions en mesure de recevoir l'ennemi.

Où était le maréchal Bazaine pendant que se préparait la plus grande bataille de la campagne, plus de 280,000 hommes commandés par le roi de Prusse, le prince royal, le prince Frédéric-Charles et le maréchal Steinmetz, contre 120,000 Français?

Qu'est devenu le commandant en chef pendant toute cette journée de lutte opiniâtre?

Le maréchal Bazaine n'est même pas monté à cheval.

Il n'a pas paru sur le champ de bataille!

Il est resté a son quartier général de Plappeville!!

Loin de nous la pensée d'inculper le maréchal de lâcheté : nous avons eu l'occasion de nous trouver sur tous les champs de bataille où il a commandé : en Afrique, en Crimée, en Italie, au Mexique, et, nous le déclarons, il est d'une bravoure incontestable, incontestée! mais, s'il n'avait pas compris, le 16, qu'il tenait le sort de la France entre ses mains, il ne comprit pas davantage, le 18, qu'il pouvait réparer sa faute et remporter une victoire.

Il le pouvait en accordant plus tôt le concours de la garde impériale qui lui était instamment demandée par le général de Ladmirault et par le maréchal Canrobert. On lui avait envoyé officiers sur officiers, dépêches sur dépêches, pour l'avertir que l'effort de l'ennemi se portait spécialement sur le 6e corps, à notre extrême droite, et qu'un renfort efficace aurait grande chance de changer le succès de l'ennemi, de ce côté, en déroute complète.

Si, au lieu de déboucher à sept heures et demie du soir pour appuyer le général de Ladmirault, les *têtes de colonnes* de la garde étaient arrivées à six heures, Steinmetz, qui tournait le maréchal Canrobert à Saint-Privat, aurait été coupé de l'armée prussienne, et, par un mouvement en avant de tout le reste de notre ligne, *qui n'avait pas fléchi d'un mètre,* nous culbutions le roi et ses troupes sur les positions du 16 et sur la rive droite de la Moselle.

Outre cet immense résultat, le passage de Verdun nous était ouvert.

Mais il fallait que le maréchal Bazaine parût sur le champ de bataille; on lui eût peut-être fait comprendre ce qu'il n'a pas voulu voir.

Malgré son arrivée tardive, la garde causa une terrible panique dans l'armée prussienne, arrêta net son mouvement en avant, et la bataille cessa avec la tombée de la nuit.

Comme le 16, nous occupâmes notre champ de bataille.

Comme le 17, nous reçûmes l'ordre, dans la nuit du 18 au 19, de nous replier complétement sous les forts de Metz.

Dès lors, nous étions bloqués, et l'ennemi, en possession de nos blessés, de nos armes abandonnées sur le terrain que nous avions défendu, l'ennemi atteignant son but, celui de nous enfermer dans la place, put, comme le 14, comme le 16, se dire vainqueur et écrire ses bulletins exagérés.

Nous l'avions cependant battu dans les deux premières de ces journées; la troisième avait été indécise.

Le 21, tous les corps d'armée reçurent leur emplacement définitif sous Metz.

On s'occupa sans retard de construire les deux forts qui étaient seulement ébauchés, et d'armer la place.

Aucune nouvelle n'arrivait plus de Paris; cependant le maréchal Bazaine conservait assurément des relations secrètes avec l'empereur, et devait savoir qu'une armée était en formation au camp de Châlons, pour se joindre à nous.

Il fallait sortir de Metz quand cette armée, elle-même, se mettrait en mouvement.

On crut à l'accomplissement de ce projet lorsque, le 26, à trois heures du matin, toutes les troupes du maréchal Bazaine prirent position en dehors du camp retranché du côté de Servigny et de Sainte-Barbe.

Les avant-postes prussiens s'enfuient à notre approche; plusieurs prisonniers nous affirment que nous avons peu de monde devant nous; quelques rares obus, tirés de Servigny, attestent un très-petit nombre de pièces d'artillerie. En nous portant rapidement en avant, nous arrivions le même jour à Thionville ou à Courcelles, selon la direction que l'on aurait voulu suivre.

Au lieu de cela, établis à six heures du matin sur les positions qui leur ont été assignées, les corps d'armée reçoivent, du grand quartier général, l'ordre de s'y installer, d'y faire le café et *d'envoyer prendre, à Metz, quand les routes seront libres, des vivres jusqu'au 28 août inclusivement.*

Ainsi, on sortait de la place, on aurait pu s'y approvisionner, avant de partir, de façon à marcher sans perdre de précieuses heures, et l'on attend, *pour toucher des vivres,* qu'on se soit déployé en présence de l'ennemi, lui laissant ainsi tout le temps possible pour se reconnaître, apprécier notre force et prendre de sérieuses dispositions de défense!!!

A une heure, une tempête affreuse éclate; les terres meubles des environs de Metz se détrempent en peu d'instants et menacent de rendre tout mouvement difficile, surtout si l'on doit attaquer des positions telles que Sainte-Barbe : chacun discutait la situation, déplorant la perte de toute cette matinée, néanmoins plein d'ardeur, lorsque les commandants des corps d'armée furent mandés au château de Grimont, situé sur les glacis du fort Saint-Julien, où le maréchal Bazaine *venait d'arriver* et d'établir son quartier général.

Un conseil de guerre eut lieu.

On y délibéra sur *l'opportunité ou l'inopportunité de se porter en avant,* alors qu'on était sorti, et, *sur l'assertion de M. le général Soleille qu'il n'y avait pas de munitions d'artillerie pour plusieurs journées de combat, on se décida à rentrer dans la place !*

A cinq heures du soir, après avoir reçu toute la journée une pluie torrentielle, l'armée regagnait ses camps sans comprendre quel pouvait avoir été le but de cette pitoyable démonstration.

Le lendemain un ordre du jour prussien annonçait à l'ennemi que nous n'avions *pas osé* l'attaquer et que nous étions rentrés dans Metz pour n'en plus sortir : des hourrahs frénétiques, entendus dans nos camps, accueillirent cette déclaration malheureusement trop prophétique.

Comment expliquer cette nouvelle preuve d'hésitation?

Quelque bienveillant qu'on soit, elle condamne le maréchal Bazaine.

Avait-il été induit en erreur sur le jour de l'arrivée du maréchal de Mac-Mahon et espérait-il, le 26 au matin, entendre son canon? Rien n'annonçant cette arrivée si impatiemment attendue, le maréchal Bazaine s'est-il décidé à se retirer?

Il aurait commis une faute. Pourquoi ne pas aller au-devant du maréchal de Mac-Mahon qui devait arriver par Montmédy et Thionville? L'armée prussienne eût été exposée à être prise entre les deux maréchaux.

Encore bien plus grande a été la faute, si le maréchal Bazaine, n'ayant pas l'espérance d'être rejoint par la deuxième armée, s'est décidé à sortir pour se donner ensuite la honte de rentrer sans avoir rien accompli.

Quelques jours se succédèrent pendant lesquels on fut autorisé à se demander pourquoi le maréchal Bazaine laissait à l'ennemi la quantité de ressources dont les villages environnants regorgeaient.

Blés, farines, fourrages étaient en grande partie enlevés par les Prussiens, alors que nous pouvions si facilement les en priver et les faire entrer dans la place.

Enfin, on apprit qu'une nouvelle opération se projetait.

Après bien des ordres et des contre-ordres reçus pendant la journée du 30, nous sortons une seconde fois de nos lignes le 31, à trois heures et demie du matin, pour reprendre les positions du 26.

Bien que l'ennemi eût employé les cinq jours précédents à défendre, par des ouvrages en terre, les abords de ses positions, nul doute qu'en l'attaquant à l'improviste, sans lui donner le temps de se reconnaître, nous ne l'eussions culbuté pour lui livrer bataille hors de sa ligne de circonvallation (1).

Quel fut donc notre étonnement lorsque nous reçûmes, à neuf heures et demie du matin, l'ordre de *stationner sur nos positions et d'y faire le café!*

Comme le 26, même facilité pour l'ennemi de nous compter et de prendre ses dispositions de défense.

Vers midi, on distinguait les colonnes qui venaient renforcer tous les postes de ses diverses positions et de ses tranchées-abris.

A *une heure et demie* les commandants de corps d'armée sont convoqués, comme le 26, au château de Grimont, quartier général du maréchal Bazaine, *toujours, comme le 26, pour se concerter sur ce qu'il y avait à faire,*

____

(1) L'opinion des officiers prussiens a pleinement confirmé cette assertion.

et arrêter le plan d'attaque SI ON SE DÉCIDAIT A ATTAQUER.

A QUATRE HEURES DU SOIR, APRÈS DOUZE HEURES LAISSÉES A L'ENNEMI POUR NOUS RECEVOIR, NOS COLONNES SONT LANCÉES.

L'objectif très-ambitieux du commandant en chef, qui s'était montré tellement circonspect jusqu'alors, était d'arriver à tourner Sainte-Barbe par le 3ᵉ corps d'armée, tandis que les 4ᵉ et 6ᵉ corps attaqueraient les autres points!!

A sept heures trois quarts du soir nous n'avions fait que deux kilomètres; le 3ᵉ corps s'était emparé de Noisseville après de longs efforts, et, grâce à l'ardeur chevaleresque de l'illustre Changarnier, deux divisions avaient enlevé, à la baïonnette, l'importante position de Servigny. Charly et Poixe étaient occupés par le 4ᵉ corps, dont quelques troupes pénétrèrent également dans Servigny.

Le programme tracé n'était accompli qu'en partie; néanmoins, le succès était grand et il eût pu devenir définitif le lendemain, si le maréchal Bazaine s'était occupé de surveiller l'ensemble de ses opérations.

On l'avait vu, il est vrai, vers six heures du soir, à *La Salette*, près des colonnes d'attaque du 4ᵉ corps, voulant peut-être faire oublier aux troupes son absence du 18, mais, depuis ce moment, on le chercha en vain; il ne se rendit aucun compte du point où en était le mouvement général, ni de ce qui restait à faire pour obtenir un résultat sérieux.

Cette journée du 31 août eût été décisive si l'attaque avait commencé deux heures plus tôt (1); elle n'amena qu'un demi-succès.

On pouvait le compléter le 1ᵉʳ septembre, au point du jour, mais il eût été indispensable que le maréchal Bazaine vît *par lui-même ce qu'il ne vint pas voir*; il était rentré le 31, au soir, à Saint-Julien *et n'en bougea plus*.

L'ennemi avait eu la nuit entière pour amener toutes ses réserves devant les 3ᵉ, 4ᵉ et 6ᵉ corps; il était surtout en forces derrière Servigny et à Sainte-Barbe.

Pourquoi ne pas employer tout le 2ᵉ corps, toute la garde, qui étaient restés jusqu'alors en réserve, la cavalerie tout entière qui n'avait pas donné; en outre, deux divisions des 4ᵉ et 6ᵉ corps qu'on pouvait rapidement appeler à soi, et, avec cette masse de plus de 60,000 hommes, faire un grand mouvement tournant autour de Sainte-Barbe pour prendre l'ennemi à revers, le rejeter sur Malroy et Argancy?

Le maréchal Bazaine fut prévenu, dès le matin, de la situation et de l'opportunité d'envoyer un secours immédiat à notre ligne d'attaque; rien n'arriva! et, lorsque, vers dix heures du matin, après cinq heures d'un feu écrasant, les troupes du 3ᵉ corps, restées les dernières dans leur position de Noisseville, débordées de tous côtés, furent obligées de se retirer, le maréchal Bazaine se contenta d'observer que « *c'était fâcheux, parce qu'au*

______

(1) *De l'aveu même des officiers prussiens.*

*moment où le mouvement de retraite commençait, il allait
se décider à lancer la brigade de voltigeurs de la garde qu'il
avait fait avancer.* »

Était-ce le moment de la lancer, et suffisait-il d'une
brigade?

Toutes les forces n'auraient-elles pas dû être en
mouvement depuis minuit, pour attaquer, au point du
jour, le flanc gauche de l'ennemi?

Quel jugement porter sur des négligences aussi
graves et comment les flétrir?

Les dispositions à prendre semblaient tellement indi-
quées et si élémentaires, que personne n'a excusé la
conduite du maréchal Bazaine.

Comme le 26, on a cherché à l'expliquer en disant
qu'il était sorti pour se porter au-devant du maréchal de
Mac-Mahon, dont la présence dans les environs de Thionville lui était annoncée.

Détestables arguments qui prouvent, une fois de
plus, l'incapacité du chef !

Que le maréchal dût ou ne dût pas arriver, ne fallait-il
pas profiter de nos avantages du 31 août, les prononcer
définitivement le 1er septembre, tâcher d'écraser l'ennemi
dans une grande bataille, débloquer Metz et avoir ses
mouvements libres ; si on échouait, rentrer dans la place
sur laquelle notre aile gauche serait toujours restée
appuyée pour protéger notre retraite en cas de besoin.

Alors on eût fait tout ce qui aurait été possible pour

sortir, et on eût pu recommencer plus tard, dans d'autre circonstances, une tentative du côté opposé.

Dans le cas où l'on aurait réussi, une fois à Thionville ou plus loin, à la nouvelle du désastre du maréchal de Mac-Mahon, si le maréchal Bazaine ne se fût pas trouvé en force suffisante pour affronter l'armée prussienne triomphante, qui l'eût empêché de revenir sur ses pas, de gagner le plateau de Langres, de débloquer Strasbourg, ou, traversant la France, de se porter derrière la. Loire, pour y former le noyau d'une grande armée qui aurait manœuvré autour de Paris?

Mais non! c'en était fait de nous!

Le général qui n'avait pas eu assez de décision et d'inspiration militaire pour profiter des occasions qui s'étaient offertes à lui, ne serait pas capable d'oser entreprendre une tentative pour laquelle il eût fallu réunir le talent à l'audace.

A dater du 2 septembre, les troupes furent occupées à fortifier les abords de toutes les lignes et à installer leurs camps d'une façon définitive.

Au moment où ces événements s'accomplissaient, le lugubre drame de Sedan venait jeter le désespoir et la honte dans notre malheureux pays!

Qui, dans l'histoire de cette campagne, pourra disculper cette course ondoyante et affolée sur Sedan, et qui absoudra ce souverain à la remorque d'une armée sur laquelle il continuait à exercer la plus déplorable influence?

Est-il admissible, comme le prétend une brochure écrite récemment sous l'inspiration de l'empereur, qu'il se soit soumis aux ordres venus de Paris? Le maréchal de Mac-Mahon aurait-il consenti à suivre un plan diamétralement opposé à ses intentions, sur les simples indications d'un ministre de la guerre ou d'une régence qui ne savaient, à distance, se rendre compte des conditions dans lesquelles on pouvait combattre?

S'il en est ainsi, le vainqueur de Magenta n'a pas fait preuve de l'indépendance qu'on souhaiterait à cette noble figure.

En cette circonstance, comme en tant d'autres, la question dynastique, toujours la même question, égoïste et criminelle, est venue dominer les considérations les plus sérieuses.

Il fallait une victoire ou la dynastie était perdue, et le souverain, l'esprit égaré, croyant trouver la victoire à point nommé, à heure fixe, court au plus grand des désastres qu'un pays ait jamais subis!

Triste punition de fautes impardonnables que la Providence jugeait depuis de longues années et dont les conséquences devaient englober tout un peuple dans le châtiment d'un homme!

Le maréchal de Mac-Mahon, cette pure gloire française, sacrifiée deux fois par l'incurie du commandement, n'avait sans doute pas jugé qu'il fût possible de défendre l'Argonne avec les forces dont il disposait : il avait indiqué le parti le plus sage à prendre, celui de se retirer sur Paris.

Là, on aurait appelé à soi toutes les forces vitales de la France; on aurait formé, en peu de temps, de nouvelles armées, et l'on aurait manœuvré de façon à empêcher l'investissement.

Tout parti était meilleur à prendre que celui auquel on s'est arrêté, soit qu'on eût cherché à livrer bataille au prince royal avant sa jonction avec le prince de Saxe, ou qu'on se fût même borné à un simple rôle défensif.

En attirant toute l'armée ennemie sous les murs inexpugnables de Paris, que de combinaisons favorables auraient pu se présenter!

La fortune semblait cependant ne pas vouloir être opiniâtrément contraire à la France; dans chacun de nos tristes drames elle a soulevé le voile sinistre qui nous enveloppait, mais, en aucune circonstance, le commandement ne s'est montré digne de nous la ramener!

A Sedan, le maréchal de Mac-Mahon est blessé dès le

début de la journée; le général Ducrot, qui lui succédait, avait reçu ses instructions pour battre en retraite sur Mézières. Le général, connu de l'armée, la connaissant, ayant étudié le terrain, semblait désigné, par une bonne influence, pour nous sauver de notre ruine!

Hélas! il a fallu encore la désastreuse pression de l'empereur pour *imposer*, au moment suprême, le général de Wimpfen, arrivé la veille, n'ayant reçu aucune instruction du commandant en chef, et aussi inconnu de l'armée dont il prenait la direction sous le feu de l'ennemi, que chacun lui était étranger.

On sait comment il dirigea les opérations de cette funeste journée!

Les événements militaires qui s'accomplirent jusqu'à la fin du blocus de Metz sont d'une importance secondaire : ils se bornèrent à quelques sorties pouvant ressembler à des velléités de percement et qui ne furent, en réalité, que de petites opérations de guerre, telles que des fourrages imparfaitement exécutés au prix de beaucoup de sang.

Nos troupes y témoignèrent toujours le même entrain,

la même bravoure incomparable, et les combats de Jussy,
de Sainte-Ruffine, de Lessy, de Châtel-Saint-Germain,
de Sémécourt, de Lauvallier, de Vany, de Chieulles, de
Peltre, enfin, celui de Ladonchamps, sont autant de victoires à ajouter à leurs brillants faits d'armes : victoires
infructueuses, hélas ! puisqu'au moment d'en tirer tout le
fruit désirable, l'ordre de battre en retraite arrivait inva-
riablement et les obligeait de laisser aux mains de l'ennemi, comme les 14, 16 et 18 août, leurs blessés et leurs
morts ; infructueuses aussi, parce que beaucoup de ces
combats, au lieu d'être préparés pendant la nuit et livrés
à l'improviste, au point du jour, avaient lieu dans la
journée, alors que l'ennemi nous épiait et devinait facilement le but que nous nous proposions.

Le maréchal Bazaine voulait-il, par ces demi-attaques,
prouver à ses juges futurs qu'il avait souvent tenté de
sortir sans jamais le pouvoir?

Il ne persuadera personne, et l'histoire, écrite par
tant d'acteurs dans ces luttes sanglantes, dira la vérité :
LE MARÉCHAL BAZAINE N'A PAS VOULU SORTIR DE SES CAMPS
RETRANCHÉS ; IL NE L'A PAS PLUS VOULU LE 26 AOÛT QUE LE 31,
QUE LE 1er SEPTEMBRE, NI PLUS TARD.

Il a craint de se compromettre, et il a préféré exposer
le maréchal de Mac-Mahon à un désastre, que de tenter
une opération difficile, pour l'accomplissement de laquelle
il n'avait ni assez de patriotisme, ni assez de décision.

Il a compté sur Paris pour se dégager du cercle de

fer qui l'étreignait, il a pensé que Paris ne résisterait pas, que la paix serait promptement faite et qu'il sortirait intact de Metz sans avoir risqué sa réputation par une tentative dont le succès ne lui semblait pas assuré.

Puis, quand il apprit la révolution du 4 septembre, il ambitionna l'avenir d'un rôle politique, en s'appuyant sur la seule armée qui restât au pays.

Il a agi en égoïste : il a renoncé à secourir Strasbourg, à lutter avec la France contre l'ennemi, à prolonger la résistance nationale, dans son espoir de devenir l'arbitre de nos destinées.

Le maréchal Bazaine ne voulait pas sortir de Metz ; mais alors, le plus simple bon sens devait lui conseiller de DURER, et, comme il ignorait quelle serait la limite de la résistance de Paris, il aurait dû prendre toutes ses mesures pour durer le plus longtemps possible.

Il fallait prescrire, beaucoup plus tôt, la réduction de la ration de pain, faire fouiller tous les villages environnants dès le commencement de septembre, réunir dans les magasins de la place les grains, les farines, les fourrages ainsi récoltés ; ordonner des perquisitions domiciliaires, non pas apparentes comme celles qui ont été faites, mais sérieuses ; on se fût procuré ainsi de nombreuses denrées.

Il devait, dès le début du séjour aux portes de la ville, s'opposer à ce que les officiers et les hommes de troupe y entrassent constamment pour diminuer, par leurs achats, les ressources des habitants; il devait savoir que beaucoup de cavaliers trouvaient à nourrir leurs chevaux avec du *blé en gerbe* que l'administration ne songeait même pas à faire récolter; enfin, il devait se montrer prévoyant, ce que ni lui ni son chef d'état-major général n'ont su être.

Quel service il aurait pu rendre, quoique passivement, en prolongeant l'occupation de Metz! Peut-être la levée du blocus (1), et certainement l'immobilisation continue de 250,000 Prussiens pendant que la vaillante armée de la Loire eût manœuvré pour opérer sa jonction avec celle de Paris : cette jonction était assurée.

Mais songeait-il au pays?

Non, ses menées politiques et les missions ténébreuses du colonel Boyer l'ont prouvé.

Après avoir compromis sa renommée militaire, voulu jouer un rôle personnel en prévision de la prompte reddition de Paris, voyant ses calculs déjoués et pressentant sa fin prochaine par suite de la diminution de ses ressources, il s'est rejeté sur la possibilité d'une restauration impériale : puis, en dernier lieu, sans entrevoir quelles difficultés s'opposeraient à ses négociations, il s'est laissé tromper et berner par l'état-major prussien, alors que, depuis le 20 octobre, n'ayant plus d'artillerie,

---

(1) Des officiers prussiens ont affirmé que si Metz avait tenu un mois de plus, les maladies croissantes auraient obligé l'armée prussienne de lever le blocus.

plus de cavalerie, toute démonstration de trouée, quoique désirée ardemment, menaçât de tourner en désastre!

Il prévoyait la capitulation et il voulait y préparer peu à peu les esprits en répandant, avec une habileté machiavélique, les nouvelles les plus sinistres et les plus exagérées sur l'état intérieur de la France.

Chacun, dans l'impossibilité de les contrôler, croyant son foyer pillé ou incendié, devenait excusable d'admettre qu'on pût laisser Metz à ses ressources très-suffisantes d'approvisionnements, d'armement et de garnison, pour aller défendre son pays contre la révolution ; car c'est sous cet aspect, encore honorable, que la convention militaire avait été présentée aux troupes : *une neutralisation de l'armée se rendant sur divers points de la France pour y rétablir l'ordre.*

On pesait sur l'esprit des officiers pour que chacun se soumît aux exigences d'une situation aussi exceptionnelle et abandonnât l'idée d'un percement sans résultat, pour accepter celle de fonder, dans une région de la France, un gouvernement stable avec lequel on pût traiter, quand la partie encore militante de la nation aurait chassé l'étranger.

Dans cette confusion morale dont beaucoup d'entre nous, la grande majorité, n'avaient pas subi l'influence, on pressentait un crime.

Ce crime s'accomplit.

Un ordre général fut adressé à l'armée, le 23 octobre

à neuf heures du matin, et nous apprit qu'une convention militaire venait d'être conclue. Aux termes de cette convention, nous étions prisonniers de guerre, MAIS LA PLACE DE METZ ET NOS ARMEMENTS DEVAIENT NOUS FAIRE RETOUR LORSQUE LA PAIX SERAIT SIGNÉE.

Un autre ordre prescrivait de faire porter les drapeaux à l'arsenal POUR LES Y BRÛLER. Quelque dures que fussent ces conditions, elles semblaient nous sauver l'humiliation *imméritée* de remettre à l'ennemi nos armes et nos canons ; on les déposait à l'arsenal, il est vrai ; néanmoins, tout notre armement, dont nous nous séparions *momentanément*, nous appartenait toujours : nous ne le rendions pas !

Pouvait-il en être autrement ?

Nous n'avions pas été vaincus. C'était, aux yeux de beaucoup, un terme moyen entre la demande de neutralisation formulée par le maréchal Bazaine et les exigences de l'ennemi.

Les troupes se laissèrent donc désarmer avec confiance *dans la journée* du **28**.

Mais quels ne furent pas le désespoir, la stupeur et l'indignation générales lorsque nous reçûmes, *à quatre heures du soir*, le texte du protocole qui démentait formellement les assurances du maréchal Bazaine !

Cet homme avait trahi son armée !!

Bien plus, AU LIEU DE BRÛLER LES AIGLES, AINSI QU'IL L'AVAIT OFFICIELLEMENT ORDONNÉ, IL LES FAISAIT CLANDESTINE-

MENT RECUEILLIR PENDANT LA NUIT ET LES DÉPOSAIT EN LIEU SÛR POUR LES RENDRE INTACTES AUX PRUSSIENS !!!

Non content de leur livrer nos armes et nos canons dans le plus parfait état de conservation, il y ajoutait PLUSIEURS MILLIONS DE CARTOUCHES ET D'ÉNORMES APPROVISION-NEMENTS D'ARTILLERIE !!

Comble d'odieux et de perversité !!

Un désir de révolte pénétra bien des esprits, mais l'abnégation personnelle, cette vertu du soldat, imposa le devoir de subir notre douleur plutôt que d'ébranler un principe.

Au reste, l'homme qui n'avait su montrer de pré-voyance que pour ses propres intérêts ne nous avait-il pas devinés en faisant désarmer les troupes avant de révéler la vérité !

. . . .

. . . .

On l'a dit, le maréchal Bazaine ne s'est pas vendu, il n'avait pas besoin d'argent : il n'a pas trahi un gouver-nement qu'il ne connaissait pas ; il a trahi les efforts de la France contre l'ennemi : il a trahi son armée ; il s'est déshonoré !

Lui et son chef d'état-major, le général Jarras, pou-vaient obtenir, dans le protocole, une clause des plus respectables qui aurait donné à leur infâme reddition un tout autre caractère :

Le prince Frédéric-Charles n'avait pas osé consentir

à transmettre au roi de Prusse la demande formulée par le général Changarnier pour que notre armée eût la faculté de se rendre en Afrique, mais s'était montré disposé à accorder la clause suivante :

« *Un bataillon d'infanterie, un escadron de cavalerie*
« *et une batterie d'artillerie, musique en tête, enseignes*
« *déployées, sortiront de Metz avec armes et bagages,*
« *comme représentant l'armée; ils traverseront la France*
« *et s'embarqueront pour l'Algérie.* »

Cet hommage rendu à notre valeur ne fut *pas accepté comme n'étant pas pratique!*

Quel sens moral, quel sens militaire peut-on accorder à ceux qui n'ont pas compris la signification et la portée d'une telle proposition?

Au reste, le prince prussien jugeait nos hommes de guerre à leur juste valeur. Il fit au général Changarnier l'accueil le plus courtois et le plus empressé, lui témoigna une grande sympathie et lui rappela que son portrait figurait, à Berlin, au nombre de ceux des généraux célèbres. Il sut flétrir les médiocrités : demandant s'il n'y avait pas de *cachot* à Metz, il s'étonnait qu'on n'y eût pas enfermé depuis longtemps le général Coffinières, assez coupable pour laisser paraître journellement, dans les feuilles publiques, certaines insinuations de nature à informer l'ennemi de l'état de la place et à jeter le découragement parmi les habitants.

On assure même qu'il laissa percer son mépris en

écrivant au maréchal Bazaine pour le féliciter de la PONC-
TUALITÉ avec laquelle LA REMISE DES ARMES ET MUNITIONS
S'ÉTAIT OPÉRÉE ; il ajoutait qu'il ferait ultérieurement par-
venir SES ORDRES, A METZ, POUR INFORMER LE COMMANDANT EN
CHEF DE L'ARMÉE FRANÇAISE DE L'HEURE A LAQUELLE IL DEVRAIT
SE PRÉSENTER AU QUARTIER GÉNÉRAL PRUSSIEN !!!

France! quand, grâce à nos jeunes frères d'armes que suit notre ardente sympathie, tu auras recouvré ta liberté, et quand tu seras appelée à juger les traîtres, les incapables, les vaniteux et les lâches qui nous ont perdus, ne les condamne pas à la peine qui les honorerait; ne les traite pas en soldats.

Ne descends pas à des représailles sanglantes, mais prononce la déchéance, la destitution de ces mannequins brodés qui, retournant la noble devise des Mérode : « *Plus d'honneur, que d'honneurs,* » n'ont su que sacrifier l'un pour arriver aux autres.

Que leur vanité, qui leur tient lieu d'orgueil, soit châtiée par le mépris général; et que, chargés des malédictions d'un peuple, reniés par tout cœur français, ils rentrent dans l'obscurité dont jamais ils n'auraient dû sortir.